„Brennt Feuer ist der Ofen heiß!"

DIE „FAZITS" UND GESCHICHTEN
AUS MÄRCHEN – IN GEDICHTEN

VON

HORST RADKE

Impressum:

Titel: „Brennt Feuer ist der Ofen heiß!" ·
Die „Fazits" und Geschichten aus Märchen –
in Gedichten · von: Horst Radke, 2. Auflage
www.apropos-poesie.de
E-Mail: atelier@apropos-poesie.de

© 2014 Horst Radke · Alle Texte sind urheberrechtlich geschützt. Alle Rechte vorbehalten. Die Verwendung der Texte und Abbildungen, auch auszugsweise, ist ohne schriftliche Zustimmung des Autors rechtswidrig und strafbar. Das gilt insbesondere für die Vervielfältigung, Übersetzung und die Verwendung in allen Medien, gleich in welcher Form.
Lektorat: Susanne Radke, Benjamin Radke

Herstellung und Verlag:

BoD - Books on Demand, Norderstedt

ISBN 978-3-7357-2560-8

Bibliografische Information der Deutschen Nationalbibliothek: Die Deutsche Nationalbibliothek verzeichnet diese Publikation in der Deutschen Nationalbibliografie; detaillierte bibliografische Daten sind im Internet über www.dnb.de abrufbar.

Inhaltsverzeichnis

„Am Anfang"..7
„Rumpelstilzchen"..8
„Hans und Grete"...16
„Schneewittchen"...24
„Schneeweißchen & Rosenrot".....................32
„Tischlein deck dich!".....................................35
„Der Froschkönig"...45
„Dornröschen"..54
„Käppchen, rot"...61
„Das tapfere Schneiderlein".........................68

Meiner Familie

August 2014

Genauso sieht ein Hexenhaus
vermutlich eher gar nicht aus!

„Am Anfang"

… jedes Buches steht,
worum genau im Buch es geht.
Hier geht 's um „Fazits" und Geschichten
aus Märchen – alle in Gedichten.

Gedichte lernt zwar „niemand" mehr –
und diesen Falles wär' 's auch schwer,
denn angesichts der Zeilen Zahl –
verhieße das ein Quantum Qual.

Man hörte – wie in Schülerzeiten –
vielleicht sogar die „Glocke" läuten,
die Friedrich Schiller generierte
und manch ein Schüler rezitierte.

Die Märchen sind zumeist bekannt –
und doch: Man findet allerhand
Substanz sowie auch Sinn darin –
und viel in puncto Lustgewinn.

Zur Frage, was der Reim denn nütz':
Er hat an sich als solcher Witz
und klingt ein Stück wie Dialekt,
„wo" selbst Direktheit kaum erschreckt.

Das Buch, so räumt der Autor ein,
könnt' Kindern „ein verfrühtes" sein –
es dürfte mehr den Älter'n* liegen.
In diesem Sinne: „Viel Vergnügen!"

* und Eltern

„Rumpelstilzchen"

Mitunter ist es ja nicht leicht –
ein Ziel – dass man 's „normal" erreicht,
denn manchmal gilt „normal" fatal
als nicht genug, da „nur" normal –
und folglich braucht man einen „Knüller".
Das wusste einstmals auch ein Müller,
der wünschte, dass sein Töchterlein,
die Frau des Königs möge sein,
und ihm verhülf' ihr Königtum,
dem Vater, gleichsam auch zu Ruhm.
Nur war er damit nicht allein,
die Chancen schienen eher klein,
denn faktisch war der Andrang groß.
So sann er nach: „Was mach' ich bloß?"
Und fand heraus, auf dieser Welt
regiert seit langem schon das Geld,
wovon als König – Frau wie Mann –
zu viel man niemals haben kann,
und dass die höchste Achtung zollt
die Menschheit letztlich wohl dem Gold:
Es trägt sich leicht, wiegt schwer im Wert,
sieht glänzend aus, ist hoch begehrt,
es schmückt dezent, zugleich enorm,
und passt in praktisch jede Form.
Und weil zudem es selten ist,
den Wert es gänzlich ein nicht büßt.
So steht es stets an erster Stelle
als Wertmetall für Krisenfälle.

Es gab nur – etwas unbequem
für Vater Müller – das Problem,
dass sich das Gold in seiner Hand
infolge Mangels nicht befand.
Die Müller aber, wie sie sind,
die wissen, schon ein leichter Wind
genügt, dass sich der Flügel dreht,
sofern man das Prinzip versteht,
und dieses muss man nur ersinnen.
Er tat 's, und kam sogleich aufs Spinnen:
So wie dem Bauern, der 's bezahlt,
der Müller gern die Körner mahlt,
so müsste man das Gold aus Stroh
„erspinnen" können – so – wie so.
Und just sein schönes Töchterlein,
das sollte dessen mächtig sein –
so machte er den König „heiß" –
doch wünschte dieser den Beweis,
und sperrt' des Müllers Tochter ein
für eine Nacht ins Kämmerlein.
Gefüllt war das mit Mengen Stroh,
doch Fräulein Müller war nicht froh,
denn was zu Unrecht „Papps" versprach,
das machte sie „in echt" nicht nach.
Jedoch – wie eben angedacht –
da sollte sie in dieser Nacht –
und würde sie erfolgreich sein,
so ging' den Ehebund man ein –
das ganze Stroh zu Gold verspinnen.
Sie sehnte sich zunächst von hinnen –

doch war die Türe fest verschlossen,
am Fenster prangten Eisensprossen,
und wie ein Pudel, just begossen,
verharrte sie. Die Tränen flossen.
Da wünschte sie in ihrer Not,
sie fiele um und wäre tot,
was augenblicklich nicht geschah –
jedoch stand flugs ein Männchen da.
Man fragt vielleicht, warum sich 's zeigt?
Sofern die Not aufs Höchste steigt
und wenn Du glaubst, es geht nicht mehr,
kommt irgendwo ein Männlein her,
das Berge Goldes Dir verspricht.
Mitunter ist es nur ein Wicht.
Es führt sich auf als großes Licht –
und blendend raubt es Dir die Sicht –
wie etwa beim Berliner BER –
„Problembär" sei es, sagte wer.
Es sprach, es lasse einen fliegen,
der Flieger, die am Boden liegen,
in Bälde, bis zum Horizonte,
derweil es sich im Glanze sonnte
der vielen schönen Steuertaler,
gezahlt vom treuen Steuerzahler.
Von jenen viele aus sich 's wählte,
wobei es ständig sich verzählte.
Es wusst' auch nicht: „Wer kennt sich aus?"
So warf es erst mal viele 'raus
und ließ vorm Minifliegerfliegen
noch manchen fliegen – manches liegen.

Und stellte neue Leute ein,
die sollten eines: nette sein,
auf dass sie immer schön parierten
und nichts und gar nichts diskutierten,
zu allem sagten „Ja" und „Amen",
und hübsch auch waren, grad die Damen,
und gerne fremde Gelder nahmen,
sofern sie die „geschenkt" bekamen.
Und als Kriterium und Reim
für alle galt das Stichwort: „Schleim".
Das Männlein sprach, es flögen Leute –
im Flugzeug bald! – Wer glaubt ihm heute?
Denn was das Männchen da verspricht –
im schönen Feld, trifft ein wohl nicht,
solange tags die Sonne scheint
und nachts der Steuerzahler weint –
sowie bei Wolken, Wind und Regen
und Sturm – es wird sich nichts bewegen,
derweil der Mann, dess' Namen steht
am Dache, sich im Grabe dreht,
und hoch erzürnt ist, wutentbrannt,
dass „Willy Brandt" man „das" genannt.
Das Männlein zieht wohl bald von hinnen,
mit Massen Geld zum Neu-Beginnen,
und managt, das mal bei der Seite,
vermutlich flugs die nächste Pleite.
Soweit zu Männleins – doch was soll 's,
denn unser's war aus anderm Holz
und bot dem Mädchen echt was an:
Sofern zu Gold das Stroh es spann,

erhielt' das Männlein, drauf 's bestand,
von Fräuleins Hals das hübsche Band.
Da sprachen beide: „Wie Ihr wollt!" –
und morgens war der Raum voll Gold.
Der König kam, ein kurzer Blick,
und schon verfiel er auf den Trick –
die Gier in seinen Augen stand –
er freite sie als Frau vom Land,
sofern sie abends früh beginne
und nochmals Stroh zu Gold verspinne.
„Ja spinn' ich?", warf das Mädchen ein –
doch wie 's so geht, es musste sein,
und abends war ein Raum: „Wie toll!"
mal zehn so groß mit Stroh so voll.
Und wieder sprang das Männlein ein,
und diesmal musst' der Ring es sein,
den es als „fairen" Gegenlohn
erzielte für der Arbeit Fron.
Der König kam und sah und kriegte
den Hals nicht voll, denn ihn besiegte
erneut die Gier, das Gold, gezählt,
mit Faktor zehn, das hieß, vermählt
noch später als zunächst geplant,
erneut und kräftig „abgesahnt".
Und folglich ward ein Riesenraum
mit Stroh gefüllt – man ahnte kaum
die Wände – und sogar die Decke
war sichtbar nur an einer Ecke.
Das Mädchen kriegte fast zu viel,
das Männchen auch, zumal zum „Deal"

war diese Nacht als Unterpfand
kein Gegenstand erneut zur Hand.
Ein guter Rat schien rar und teuer,
das Mädchen weinte ungeheuer,
und schließlich schlug es schluchzend ein:
Ihr erstes Kind sollt' seines sein
(Verzeihung, nicht ein Kind von ihm,
dem Männchen, sondern wie 's sich ziem',
doch hätte sie es, kaum geboren,
ans Männlein ob des Deals verloren).
So kam zum Zug der Kinderdieb,
auf dass die Hochzeit nicht verblieb.
Man schwelgte bald beim Hochzeitsessen,
das Männlein schien sogleich vergessen,
der König war der Gattin hold –
ihr Herz war nämlich auch aus Gold –
und schon nach einem knappen Jahr
der beiden Kind geboren war.
Die Freude war natürlich groß –
die Feier auch und viel war los.
Doch kurz danach, bei Tag'sbeginn,
das Männlein trat zur Königin
und meinte, dass es nötig wäre,
dass sie ihm nun den Lohn beschere.
Doch welche Mutter, zeig' sie wer,
gäb' ohne Kampf ihr Kindlein her.
So war 's auch bei der Müllerin,
der Königin: Sie warf sich hin,
zu Füßen von dem kleinen Mann –
und welcher Mann zeigt' Härte dann,

erst recht ein Männlein? – Nein, sogleich,
es wurden Herz und Knie ihm weich.
Doch wie 's bei manchem Männchen ist,
so war es auch voll Hinterlist
und sprach: „Sofern Du sicher weißt,
wie ganz genau das Männlein heißt" –
es sprach von sich wie Cäsar schon
in dritter (er, sie, es) Person –
„so magst Du gern Dein Kind behalten.
Doch lasse tunlichst Eile walten:
Es bleibt Dir nur sehr kurz die Frist –
drei Nächte – die vorüber ist,
erscheint danach des Tages Licht.
Und weißt Du dann den Namen nicht,
so ist Dein Kind für immer sein." [s. o.]
Die Königin wand nichts mehr ein
und nannte in der nächsten Nacht
die Namen, so wie ausgemacht.
Doch keiner stimmte. Tags darauf
sie sandte Leute aus zuhauf,
dass diese aus dem Königreich,
was nur als Name taugte, gleich
ihr brächten. Dennoch traurig klang,
was morgens früh die Lerche sang.
Verzweifelt war die Königin.
Da trat vor sie ein Bote hin,
der sprach: „Ich sah ein Männlein tanzen
im Walde tief. Im großen Ganzen
geschah nur, dass es stundenlang
recht seltsam stets dasselbe sang.

Was ich verstand, war, niemand weiß,
dass ‚Rumpelstilzchen‘ wohl es heiß'." –
Es kam die Nacht, das Männchen auch,
und wie zuvor des Nachts der Brauch
da nannte nun die Königin
die Namen – alle ohne Sinn,
und sah, dass sich das Männlein freute,
was dieses aber bald bereute,
als ganz zum Schluss, der Morgen tagte,
mit Wonne sie den wahren sagte.
Ein Schrei! – Bevor es sich zerriss,
das Männlein ins Gesäß sich biss –
und ward, wie sollt' es sonst geschehen,
fortan von niemand mehr gesehen. –
Die Königin jedoch war froh
und sprach bei sich nur: „Oh, oh, oh –
das hatt' zwar goldig angefangen,
doch wär' 's ja beinah schief gegangen!"
Und dachte nur, dass sehr sich 's lohne,
verfügt' man über Topp-Spione.
Das Motto gilt', wenn recht ich 's seh',
noch heut' – in Kurzform: „NSA!"

„Hans und Grete"

Es trifft wohl zu, dass heut' man „satt",
will sagen: gut – zu essen hat.
Doch lebten einst am Waldrand hier
im Harz der Menschen hungrig vier.
Das waren: Mutter, Vater, Hans
und Grete – und es liebten ganz
von Herzen gut, wie Eltern sind,
einander sie und jedes Kind.
Dann starb die Mutter, und es „lief"
dank „Mutter Stief" von nun an „schief".
Die lud den Vater nämlich ein,
für sie nur künftig da zu sein,
und dass er folglich gut dran täte,
„entsorgte" Hänsel er und Grete.
Er bräucht' sie nicht vom Hof zu jagen,
doch ließ' er sie nach Marsch von Tagen
im Walde irgendwo allein,
so sollte das ihr Schicksal sein,
denn schließlich gab es dort ja Beeren –
als Mahl – und Bären abzuwehren.
Und blieben beider Teller leer,
so hätten sie, die Eltern, mehr.
Dem Vater brach es fast das Herz,
noch stärker wog jedoch der Schmerz
„per Frau", und als der Morgen kam,
die Kinder in den Wald er nahm,
wobei er kreuz und quer spazierte,
auf dass es in die Irre führte.

Doch Gretel nächtens forsch belauschte,
was aus die „Mutter Stief" da plauschte,
und hatte Hänsel eingeweiht.
Der Junge ließ, von Zeit zu Zeit,
des Wegs entlang nun Steinchen fallen,
bis keiner übrig blieb von allen.
Und als der Vater jäh entschwand,
zurück den Weg das Duo fand
anhand der ausgelegten Kiesel.
Und schneller beinah als ein Wiesel
die Kinder heim, nach Hause, fanden.
Der Vater selbst war einverstanden,
dass nunmehr sie für immer blieben,
doch sprach die Frau, den Gatten lieben,
das könne „echt" sie nur allein,
wär' flugs das Haus „von Kindern rein".
Und folglich ging es, welch ein Graus,
schon tags darauf erneut hinaus,
noch tiefer in den Wald hinein –
und Hänsel hatte keinen Stein
in seiner Tasche, keinen mehr.
So nahm er sich die Brote her
und streute statt der Steine Krumen,
wie Kinder an Fronleichnam Blumen.
Und als der Vater sie „verlor",
die seinen, dachten – wie zuvor –
nun diese, fänden ohne Frage
zurück sie noch am selben Tage.
Nur mussten das sie bald vergessen:
Die Brötlein waren aufgefressen,

von Tauben, welche damals halt
als Vögel lebten noch im Wald –
doch waren sie, ich will 's gestehen,
nicht leicht, wie in der Stadt, zu sehen.
Es kam die Nacht, die Kinder froren
und wähnten hungrig sich verloren
und sangen dennoch wunderschön
von Engeln, die zum Schutze steh'n –
und grüßten derart im Duette
Herrn Humperdinck wie auch Frau Wette*.
Doch tags, nach Stunden ohne Päuschen,
sie kamen an ein kleines Häuschen,
das sah so lecker aus und fein –
es musst' ein Knusperhäuschen sein.
Zunächst hielt Furcht sie noch zurück,
doch dann versuchten sie ihr Glück,
und Hänsel brach mit lautem Krach
die süßen Ziegel ab vom Dach,
und Gretel, ohne lang zu suchen,
goutierte flugs den feinen Kuchen,
aus dem das Haus gefertigt war.
Es schmeckte einfach wunderbar!
Doch plötzlich hörten sie von drinnen
zu sprechen eine Frau beginnen:
Die krächzte fragend: „Knusper, knäuschen,
wer knuspert da an meinem Häuschen?"
Das schien den Kindern Spaß zu machen,
und beide fingen an zu lachen,
und neckisch, wie sie eben sind,
so scherzten sie, es sei der Wind.

* vgl. „Abendsegen" aus der Oper „Hänsel und Gretel" von Engelbert Humperdinck; Libretto: Adelheid Wette

Doch kurz darauf, da kam, oh Graus,
ein häßlich Weiblein aus dem Haus,
das wurde, wie ja gut bekannt,
schon damals „Hexe" nur genannt.
Nicht alle Hexen waren schlimm,
doch manchen fehlte der „Benimm",
weil die sich gern zu essen nahmen,
was grad zu fesseln sie bekamen.
Und stellte arg sich Hunger ein,
so schmeckte auch ein Kindlein fein,
sofern man dieses gut grillierte
und dann dezent garniert servierte.
Und wie vermutlich schon zuvor
der Hunger uns're Hex' beschwor,
da schienen ihr die Kinderlein
ein „prêt à Brät in spe"* zu sein.
Nur so, wie Hexen manchmal sind,
war diese Hexe ziemlich blind,
nicht ganz, doch konnte kaum sie sehen
und war auch eingeschränkt beim Gehen.
Damit ein Ziel erreichbar ist,
greift solchen Falls man gern zur List.
So lud das Weib die Kinder ein,
bei ihm entspannt zu Gast zu sein.
Das klappte, und zu Recht verdattert
fand Hänsel bald sich eingegattert,
und Gretel musste statt der Kohlen,
die 's auch wohl gab, das Holz nun holen –
denn jene waren rar und teuer –
und fachte damit an das Feuer.

* prêt à — franz.: fertig, bereit für/zu; „in spe", lateinisch, wörtl.: „in Hoffnung auf" – gemeint: künftig

Die Hexe freute sich: „Wie nett,
den Jungen mäst' ich hübsch mir fett,
denn schließlich leb' ich tief im Wald
und bald, im Winter, wird 's ja kalt."
Der Hänsel aber heimlich streckte,
was just die Hexe nicht entdeckte,
statt seiner Hand ein Knöchlein aus,
das dünn blieb – zu der Hexe Graus.
Doch weil sie längst der Hunger plagte
und fast am Hungertuch sie nagte,
da sie, seit Jahren zuckerkrank,
nichts Süßes aß und Sprudel trank,
verlor sie schließlich die Geduld.
Sie schimpfte, Gretel nur sei Schuld,
und diese solle, statt zu „pofen",
die Hitze prüfen tief im Ofen.
Doch die, wir wussten 's schon genau,
war jung zwar, doch zugleich recht schlau,
und meinte drauf, „es sei ihr Ding
nicht recht", sie wüsst' nicht, wie es ging'.
Die Hexe, derart ausgehebelt
und auch vom Hunger wie benebelt,
die öffnete die Ofentür
und nahte selbst der Glut, als ihr
die Gretel ziemlich rasch und flott –
den Ofen gleichsam als Schafott
benutzend – einen Stoß erteilte
und dann die Tür zu schließen eilte.
Vermutlich roch es nun nicht gut –
doch wenn es gut in Summe tut,

so nimmt man manches gern in Kauf.
Die Hexe gab den Ungeist auf,
und Gretel nahte, die erkannte,
dass derart alles Leid sie bannte,
dem Hänsel, welcher sonnenklar,
wie sie sogleich voll Freude war,
denn glücklich war vorbei die Not!
Sie sangen: „Hei, die Hex' ist tot!" –
Und da im Haus sich allerhand
von hohem Wert an Dingen fand,
so steckten sie sie sorgsam ein,
denn Reichtum kann von Vorteil sein,
und machten sich nach süßem Schmause
gekräftigt auf den Weg nach Hause.
Der Vater sah sie schon von Ferne,
er hatte ja die Kinder gerne,
und lang' an Tagen, selbst an kalten,
nach ihnen Ausschau stets gehalten,
zumal er längst sein Tun bereute,
und nunmehr umso mehr sich freute,
dass seine Jüngsten wie begehrt,
doch kaum erhofft noch, heimgekehrt.
Und außerdem – wie kaum bekannt:
Die „Mutter Stief" war durchgebrannt
mit einem „Kerl vom Nachbarhof".
Den fand sie zwar am Anfang „doof",
jedoch, da sie sein Charme betörte,
nach kurzer Zeit sie ihn erhörte.
So ließ sie sich mit jenem ein
und schließlich ihren Mann allein,

was nun, da dem der Reichtum lachte,
gewaltig ihr zu schaffen machte.
Und letztlich überwog der Schmerz,
es brach ihr, wie man sagt, das Herz,
so dass man drauf die „Mutter Stief",
begrub – an Metern drei wohl tief.
Die Kinder aber waren froh,
der Vater gleichfalls – so wie so.
Und wenn sie nicht gestorben sind,
so leben sie und manch ein Kind –
das rasch vermutlich ein sich stellte,
sobald sich jemand zugesellte –
beim Rendezvous, beim Maientanz –
ein Mann der Gretel wie dem Hans
ein wunderschönes, liebes Mädchen,
vermutlich aus dem Nachbarstädtchen –
noch immer froh am Harzer Land
und sind als nett und reich bekannt.
Und die Moral nun der Geschicht'?
Ist unterschiedlich – je nach Sicht:
Die Hexe, lebt' sie nochmals, weiß,
der Ofen ist, brennt Feuer, heiß,
und besser, weilt wer anders da,
kommt selber dem man nicht zu nah –
wie auch von Vorteil, ist man nett
und isst zu süß nicht und zu fett. –
Für „Mutter Stief" schien 's gut zu sein,
sie räumte zu Beginn schon ein,
dass hin sie sich dem Mann nicht gibt,
wenn dessen Kinder sie nicht liebt.

Und tät' sie 's doch, so fänd' sie „doof"
am besten jeden Nachbarhof. –
Der Vater lernte vom Gedicht:
„Verliere Deine Kinder nicht!
Und lässt die Frau die Kleinen leiden,
und lässt 's nicht sein, so lass' Dich scheiden!"
(was umgekehrt genauso gilt,
käm' statt der Frau der Mann ins Bild.) –
Und Hans und Grete? Wenn dem Kind
die Eltern stets verlässlich sind,
so darf es ihnen gern vertrauen.
Falls nicht, dann gilt es vorzubauen.
Und diesen Falles steck' man fein
so viel wie möglich Steinchen ein,
denn diese – wie vom Lied man 's kennt –
sind eh für „girls" der beste „friend".
Und Brote lass' man auch nicht liegen,
für Tauben, Enten, Ratten, Fliegen.
Und schließlich bleibt am Schluss der Schluss:
„Ein Plus an Geld – verschafft Genuss!"

*****

„Schneewittchen"

Schneewittchen war ein Königskind
und schön, wie Königskinder sind.
Sein Haar war schwarz, die Haut so weiß,
die Wangen rot – und auf Geheiß
der Eltern wurde es im Land
„Schneewittchen" nur und stets genannt:
„Schneewittchen!" – Eben war 's geboren –
da ging die Mutter ihm verloren:
Es nahm ihr justament das Leben,
was neu sie schenkte: Leben eben.
Denn früher waren, ist man ehrlich,
Geburten mehrfach so gefährlich
wie heute, wo im Notfall dann
die Ärztin Leben retten kann –
wie auch der Arzt, füg' gern ich ein,
um „genderlich" korrekt zu sein.
Der König wollte nun allein
als Single mit dem Kind nicht sein
und schaute aus nach einer Frau,
die bald er fand, und die war schlau
und schön, doch leider ganz verdorben:
Ihr Mitgefühl war abgestorben,
und immer wollte nur allein
sie stets die Allerschönste sein,
und das sogar von jedem Land
der ganzen Erde – so bekannt.
Sie schaute in ihr Spiegelein,
denn dieses schien recht klug zu sein

und praktisch „alle Welt" zu kennen:
Es konnte stets sofort benennen,
wo jeweils sich in Stadt und Land
die schönste Frau der Welt befand.
Man brauchte einfach nur zu fragen –
und dann das Resultat ertragen.
Und das gefiel der Königin –
zunächst – der Spiegel machte Sinn,
weil tags und nächtens, einerlei,
er sprach, dass sie die Schönste sei.
Doch eines Tages raunte er,
dass sie „ja auch nicht hässlich" wär',
viel schöner aber sei Schneewittchen,
die Königstochter. – „Dieses Flittchen!"
schrie auf die Königin sogleich,
sie kämmte grad ihr Haar, das weich
ihr Antlitz schmückend, es berührte,
was jene aber kaum noch spürte,
da zornig sie und wutentbrannt
sofort auf Revision bestand.
Ihr fiel auch gleich die Lösung ein:
Schneewittchen sollt' getötet sein,
weil doch der Spiegel, wie bekannt,
die schönste Frau der Welt nur fand.
Und tot, begraben, sieht, oh Graus,
man ziemlich bald nicht schön mehr aus.
Gedacht, gesagt und gleich getan.
Was sah er vor, der Meuchelplan?
Des Königs Jäger, treu zur Hand,
der sollte gleich und ungalant

das Mädchen in den Wald begleiten
und dort den Tötungsakt bestreiten.
Der Weidmann aber – herzensgut,
integer, redlich, voller Mut –
Schneewittchen kurzerhand gestand,
was Grund des Ausflugs war aufs Land.
Das Mädchen rief: „Du Guter, nein,
oh lass' mich doch am Leben sein!"
Da setzt' er zwar das Mädchen aus
im Wald, kehrt heim ins Königshaus,
doch bracht' er Lunge mit und Leber
vom Sprößling „nur" des wilden Eber,
dieweil die Königin ja glaubte,
dass beides er Schneewittchen raubte,
und dass nun dieses nimmermehr
organentkernt am Leben wär'.
Doch war, igitt, die Frau besessen
und musste jene auch noch essen
und machte: „Kannibalengruß!"
zuvor aus beiden Teilen Mus.
„Das klingt ja wirklich echt nicht nett –
man denkt doch gleich an ‚Kindermett'!"
Das stimmt! Jedoch aus Märchen spricht
die Rücksicht auf Gefühle nicht! –
Zurück zum Thema! Sieben Berge
bezwang Schneewittchen. Sieben Zwerge,
die werkten unter Tage dort
und wohnten nächtens nah dem Ort
in einem schlichten, kleinen Haus.
Schneewittchen machte das nichts aus.

Sie hatte, Hungers selbstvergessen
von deren Tellerlein gegessen,
was jene, als zurück sie kehrten,
verwirrt bemerkten und begehrten –
als vor das Kind sie schlafend fanden –
dass rasch die Gründe sie verstanden.
Schneewittchen war ja sozusagen
vom vielen Wandern „ganz erschlagen"
und schlief nun fest und lang und tief
und schlief und schlief und schlief und schlief.
Die Zwerge schauten lang, verwundert –
die meisten waren etwa hundert
an Lebensjahren Jahre alt
und hatten auch mitunter halt
Erstaunliches geschehen sehen –
nur das? Wer sollte das verstehen?
Jedoch Schneewittchen wachte auf
und klärte alle Fragen. Drauf
geboten ihm die Zwerge gern,
dass nicht es sich vom Haus entfern',
bei ihnen bliebe, bis die Not
verflog und alles sei im Lot. –
„Und Schnitt – zurück zur Königin!"
Die trat erneut zum Spiegel hin
und fragte: „Spieglein an der Wand,
wer ist die Schönste wohl im Land?"
Der Spiegel sprach: „Das seid nun Ihr –
jedoch, es tut mir leid, nur hier!
Schneewittchen bei den sieben Zwergen,
sie leben hinter sieben Bergen –

so kann mein Satellit es seh'n –
ist tausendfach noch mal so schön!"
Da schrie die Frau: „Oh Himmel, nein,
wie kann die Welt so grausam sein?
Der Jäger hat mich mies belogen
und skrupellos und fies betrogen –
es gibt doch keine Liebe mehr!"
So schluchzte sie, ihr Blick war leer.
Doch tags darauf, ganz unverwandt,
verfolgte sie „Plan B" gespannt,
der vorsah, dass sie selbst zur Tat
final nun schritt. Zunächst parat,
da hatte sie ein Gürtelein.
Sie schlang damit Schneewittchen ein,
nachdem zuvor sie tagelang
entlang der Berge, rasch im Gang,
das Zwergenhaus gesucht und Stunden
danach exakt es vorgefunden,
so wie der Spiegel wie bekannt
als Zielpunkt ihr es jüngst genannt.
Warum nur ließ, so sinnt man fein,
das Kind die Frau so nah' ihm sein,
dass die zwecks Atemraubs als Strang
den Gürtel nutzend es umschlang?
Man ahnt 's, natürlich, sonnenklar,
weil „Madam" halt verkleidet war! –
Schneewittchen sank wie tot ins Gras,
sein Antlitz wurde leichenblass
wie früher bei den feinen Damen,
wenn Leibkorsetts den Atem nahmen.

Die Zwerge kamen, sahen, kriegten
den Gürtel just noch auf, besiegten
auf diese technisch leichte Weise
den Tod. Die scheinbar letzte Reise –
auf diese galt es noch zu warten. –
Schneewittchen war erneut im Garten,
als bald – dank jüngstem Kenntnisstand –
die „Mutti" wieder ein sich fand,
natürlich neuerlich verkleidet.
„Ein Kamm, vergiftet, dass sie leidet
und stirbt!" – das war gemein ihr Ziel.
Doch manchmal wünscht man sich zu viel.
Die Zwerge kamen noch beizeiten,
das Gift vom Körper auszuleiten
und sprachen sehr aufs Mädchen ein,
es mög' voll Arg vor Fremden sein. –
Man darf mit Recht die Mutter hassen,
doch muss der Hass ihr eines lassen:
Die Frau war wirklich konsequent.
Der Spiegel, der erneut erkennt,
dass sie vor Ort die Schönste sei,
Schneewittchen aber – nebenbei
bemerkt inzwischen ganz genesen –
noch schöner sei als je gewesen,
bewog dank Neids die Königin
zum Schluss: „Ich muss da wieder hin!"
Doch diesmal dachte sie, oh Graus,
sich etwas „ganz was Fieses" aus.
Sie färbte für Schneewittchens Tod
des Apfels eine Hälfte rot

und spritzte reichlich Gift hinein –
die andere blieb grün und fein.
Und als sie vor Schneewittchen stand,
den Apfel in der linken Hand,
da teilt' sie den mit einem Schnitt
in Hälften. Jene, welche „mit",
bekam Schneewittchen, selbst hinein
sie biss in jene, welche rein.
Das Mädchen ahnte nicht den Trick.
Ergebnis klar – beim ersten Blick
erkannten es die Zwergelein:
„Oh nein, das sollt' das Ende sein
von diesem wunderschönen Mädchen!?"
Sie trugen es ins nächste Städtchen
und kauften – die Idee war stark –
aus Glas in transparent den Sarg,
damit, so lang es mochte gehen,
das tote Mädchen blieb zu sehen.
Zu eng erschien das Zwergenhaus,
so trugen sie den Sarg hinaus,
hinauf auf einen hohen Berg –
kein Zuckerschlecken für den Zwerg –
so dass ein jeder, kam er nah,
des süßen Mädchens Antlitz sah.
Die Tiere, alle dort im Wald,
die kannten diesen Standort bald
und kamen oft, es anzuseh'n,
das Mädchen, war es doch so schön.
Doch leider war 's, so schien 's ja, tot,
obgleich – die Wangen wirkten rot.

Und eines Tages, frank und frei,
da zog ein Königszug vorbei.
Der Herrscher, völlig fasziniert
vom Anblick, bat sie dezidiert,
die Zwerge – Tränen sah man fließen –
dass ihm den Sarg sie überließen.
Die Zwerge wehrten lang es ab,
der König aber, nicht zu knapp,
beschwatzte sie geraume Zeit,
und schließlich waren sie so weit –
wer mag schon Prominenz verdrießen –
dass den – mit Sarg – sie ziehen ließen.
Der Zug, er zog in Richtung Schloss.
Doch einer aus des Königs Tross,
der patzte, und der Sarg, er prallte
zu Boden, dass es furchtbar knallte –
ein einzig Splittern war es bloß.
Sekunden später – riesengroß
war da die Freude, als man sah,
Schneewittchen – gleichsam „wieder da",
war durch den Aufprall aufgewacht,
der Apfel ward hervorgebracht
und – klinisch war 's ein Wunder – rein,
schien Leib und Magen ihm zu sein –
nur hie und da ein kleiner Schnitt
vom Glas – ansonsten „alles fit".
Der König nahm Schneewittchens Hände,
der Jubel fand erst recht kein Ende,
als jener gleich das Mädchen fragte,
ob „Ja" es ihm fürs Leben sagte.

Das schien Schneewittchen auch das Beste –
so kam es bald zum Hochzeitsfeste.
Man lud sogar die Mutter ein,
zum Tanz – jedoch fand die 's nicht fein,
denn ihre Schuhe glühten rot
vor Glut. Am Ende war sie tot.
Schneewittchen war für alle Zeit
auf diese Art von ihr befreit. –
Den Spiegel nutzte niemand mehr,
denn wer die Allerschönste wär',
das sieht man heute ganz genau
in jeder Fernseh-Casting-Schau.
Und fragte jemand nach: „Warum –
wer macht denn sowas?" – „Heidi Klum!"*

* die wohl beständig „Germany's next Topmodel" sucht

„Schneeweißchen & Rosenrot"

In Märchen geht es oftmals halt
um Liebe, Leben, Tod, Gewalt,
„Schneewittchens" – also hübsche Mädchen,
im Land, am Hof, in Dorf und Städtchen,
um Bosheit, Niedertracht und Neid.
Doch wer sich auskennt, weiß Bescheid,
dass letztlich stets das Gute siegt,
weil schwerer es als Böses wiegt.
Schneeweißchen nun und Rosenrot
sind beide zwar seit Jahren tot,
doch lebten lange Zeit sie brav
mit Mutter, Bär und Kuh und Schaf.

„Moment mal! – Stand da eben ‚Bär'?" –
„Genau, das stimmt – in Kürze mehr!"
Die Namen, ihre, klangen fein
und sollten metaphorisch sein:
Schneeweißchen nach dem Rosenstrauch
am Haus, mit weißen Blüten auch,
und Rosenrot in selbem Brauch
genannt nach roter Blüten Strauch. –
Schneeweißchen war ein wenig weicher
und Rosenrot facettenreicher,
doch liebten beide die Natur
und spielten meist im Walde nur.
Das Land war eben, kaum ein Berg.
Sie trafen dort nun einen Zwerg,
der hatte seinen Bart geklemmt
per Axt, im Baum und ward gehemmt.
Dem halfen sie aus seiner Not.
Der Zwerg, der keinen Dank entbot,
der schimpfte laut und ließ sie wissen,
sie hätten seinen Rock zerrissen. –
„Wenn 's einmal nur geschehen wäre!"
Doch gab der Zwerg sich oft die „Ehre".
So hing er an der Angelschnur,
präziser: dort am Haken nur:
Die Mädchen halfen ihm heraus,
und wieder schimpfte er sie aus,
riskierte später Kopf und Kragen –
ein Vogel wollte fort ihn tragen,
denn Zwerge sind ja, wie sie sind,
bald leichter als ein Wickelkind –

und wieder war'n die Mädchen nah
und halfen aus der Klemme da.
Und wiederum, was hatt' er bloß,
war wiederum der Teufel los.
Doch richtig „flippt' der Kleine aus" –
die Mädchen nahten seinem Haus –
als Edelsteine er besah –
die waren mengenweise da –
und zornig rief er: „Weicht von hier,
sonst dreh' ich durch und werd' zum Stier!"
Das war in Wahrheit kaum zu machen –
ein Zwerg zum Stier – man möchte lachen.
Die Mädchen, dass es möglich wär',
sie glaubten es. Da kam ihr Bär,
der jüngst erwähnte, sie zu retten,
der annahm, dass sie 's nötig hätten.
Und schien' uns auch nicht groß die Not,
so schlug der Bär den Zwerg doch tot.
Und kaum, dass der getötet war,
da löste sich ganz wunderbar,
des Bären Fell in Streifen ab
und sichtbar ward, bekleidet knapp,
ein wunderschöner Königssohn,
dem hatte einstmals unterm Thron
der Zwerg – ein Zweifler, wer 's nicht glaubt –
die Edelsteine fortgeraubt.
So hatte er noch nicht gethront
und lang bei Rosenstrauchs gewohnt –
Schneeweißchen wie auch Rosenrot
der Retter für den Fall der Not.

Jedoch war nun, was alle freute,
er frei, und folglich flugs er freite
Schneeweißchen. – „Ja, und Rosenrot?"
Auch sie erlitt nun keine Not.
Der Bär war König und „am Ruder"
als Landesvater zwar – sein Bruder
war 's aber ebenso genau
und nahm nun Rosenrot zur Frau.
Und wenn sie nicht gestorben sind,
so haben beide längst ein Kind,
vielleicht auch zwei, gar drei und vier,
und leben gar nicht weit von hier.
Jedoch, wie eingangs angesprochen:
ihr Lebenslauf ward abgebrochen,
denn, wie gesagt, sind längst schon tot
Schneeweißchen wie auch Rosenrot.
Doch lag es nicht am Knuddelbärchen!
Und noch ein Trost: „Es ist ein Märchen!"

„Tischlein deck dich!"

Den Ernteausfall mal vergessen –
hat jeder Bauer gut zu essen.
Von Jahr zu Jahr er sät von vorn
auf seinen Äckern aus das Korn,
das auf in naher Bälde sprießt
und dann als Schnaps in Flaschen fließt.
„Pardon!" – das war der zweite Schritt
vorm ersten. Denkt man den noch mit,

so drischt das Korn von Spreu man rein
und lagert 's dann in Silos ein.
Und dieser „Output" ist nun mal
doch deutlich höher in der Zahl
als die des „Inputs" – rechnen könnte
mit Faktor zwölf man bei der Rente,
wobei man „auf dem Teppich" bliebe
und eher etwas untertriebe. –
Zum Bauernhof gehör'n auch Tiere:
der Kühe oftmals mehr als viere,
dann Hühner, Enten, Gänsevieh,
die Ziege auch, wobei nun die
wie an der Tür ein Zettelschild
als Zeichen armer Bauern gilt,
besäß ein solcher sie allein.
Nun kann wohl Jeder reich nicht sein.
So scheint es auch in dieser Märe
vom Bauern, der alleine wäre,
sofern er nicht drei Söhne hätte.
Die strebten förmlich um die Wette,
dass dieses eine Tier, die Ziege,
genügend stets zu fressen kriege,
auf dass die Milch, die gern genossen –
(na ja) – in Eimer sei geflossen,
und grad dem Bauern lag daran.
So fragte jedes Mal er an,
sobald zurück die Ziege kehrte,
ob reichlich ihr man Fraß gewährte.
Die Söhne waren alle dreie
im Wechsel eben an der Reihe,

das Tier zu führen zu den Weiden,
und dieses durft' sogar entscheiden,
bevor sie an den Heimweg traten,
ob alles mundgerecht geraten
zu seinem Wohlgefallen sei.
So fragt' nun „Sohn, der erste", frei:
„Mein liebes Zieglein, bist Du satt?" –
„Ich bin so satt, ich mag kein Blatt."
Die Antwort gleich gefiel dem Sohn,
er war 's zufrieden. – Welch ein Hohn!
Als Vater nämlich wie zuvor
„Sohn eins" sie fragte, „Zicklein" schwor:
„Was soll die Frage denn, die platte –
ich fraß am Tag von keinem Blatte,
kein einzig winzig Blättelein –
wie sollte da wohl satt ich sein?
Ich sprang sogar in hehrem Streben
nach Gräslein über breite Gräben,
derweil mein Bauch sich Hungers blähte",
wobei ein kläglich „Mäh" sie „mähte".
„Und wenn es derart weiter geht,
dann ist hier alles eh' zu spät!"
Der Bauer nahm den Sohn sich vor:
Er sei ein Ochse vor dem Tor,
er selbst fänd' solch ein Handeln „doof" –
und schickte fort den Sohn vom Hof.
Die Ziege aber stand im Stall
und freute sich in diesem Fall.
Was die zu solchem Frevel trieb?
Die Mutter hatte sie nicht lieb,

ihr Vater war ein Trunkenbold
und ständig andern Frauen hold.
Sie hatte Drogen früh genommen
und irgendwie was abbekommen.
Insofern galt wie eh' und je
auch hier in Summe das Klischee:
„Im Grunde war'n die Eltern schuld." –
Der Bauer, voller Ungeduld,
am nächsten Tag, als Sohn, der zweite,
den ganzen Tag das Tier betreute,
da stand er abends an der Tür
und sprach zum Tier: „Wie geht es Dir?"
Der Ablauf – längst wie Wasser klar –
wie tags zuvor derselbe war:
Die Kinder soll ein Vater lieben,
doch wieder ward ein Sohn vertrieben,
was nochmals tags darauf passierte
und so zum dritten „Abgang" führte.
Der Bauer hatte „echt kein Schwein"
und war mit „Zickchen" nun allein
und führte selbst das Tier aufs Land,
wo reichlich viel es Futter fand –
und fraß. Und wieder war die Frage
dieselbe wie an jedem Tage:
„Mein Zieglein, bist Du wirklich satt?"
Die Antwort: „Mäh, ich mag kein Blatt!"
Am Hofe aber angekommen –
vermutlich war 's vom Kraut benommen
und wähnte nun, er sei' „Sohn vier",
da sprach erneut das dumme Tier

exakt den nämlichen Sermon –
man kennt ihn ja von oben schon.
Oha, da war der Teufel los!
Der Bauer sprach: „Wie konnt' ich bloß
den lieben, guten Kinderlein
ein derart schlechter Vater sein?"
Nur war es vorerst, wie 's so geht,
für Reuetränen doch zu spät.
Das Tier, das ihm bis dato lieb,
der Bauer fort vom Hofe trieb.
Es landete alsbald im Bau
von einem Fuchs, wobei genau
sein Schicksal wohl im Dunkeln bleibt:
Ob 's jemand sonst zum Wahnsinn treibt,
getarnt sogar ins Kloster strebt
und dort Jahrzehnte weiter lebt
und niemals mehr ein Wörtchen spricht –
wir wissen es, ganz ehrlich, nicht.
Es sind ja offen sozusagen
zurzeit doch auch ganz andre Fragen –
wie die: Wie ging das Ganze weiter
für Bauers Söhne? – Schön und heiter!
Ein jeder machte seine Lehre,
was weiter nicht erstaunlich wäre,
doch war das damals längst nicht schon
das Los von jedes Bauern Sohn.
Und weil sie alles gut „kapierten",
die drei, sie alle reüssierten.
„Sohn eins" war gleichsam gut wie keiner
im Handwerksjob als Tischler/Schreiner.

Als Lohn bekam er einen Tisch,
der deckte immer neu sich frisch
mit allem, was zum Leib erlaben
die Tische nur zu bieten haben.
Man sagte: „Tischlein, deck' Dich!" fein,
und schwupps, da deckte das sich ein,
und ständig gab es gut zu essen,
zu trinken – tollste Raffinessen. –
„Sohn zwei", sein Lehrherr war ein Müller,
erhielt, es war ein echter Knüller –
die Mühle stand wohl nah bei Wesel –
zum Abschluss einen klugen Esel,
bei Licht besehen einen weißen,
der konnte Gold in Stücken „scheißen"
(Verzeihung – ja, das musste sein,
denn „kacken" kläng' doch auch nicht fein) –
man braucht' am Schwanz ihn nur zu packen,
und schon begann er frei von Macken
und ohne je zu protestieren,
das reinste Gold zu produzieren,
denn meistens kam nichts And'res mit.
Das Zauberwort war: „Bricklebrit!" –
„Sohn drei" – er war aus selbem Holz,
sein Lehrherr war mit Recht sehr stolz,
was dieser Junge fabrizierte
und drechselnd zum Ergebnis führte.
Man möge bitte nur das Drechseln
mit Tischlern, Schreinern nicht verwechseln,
weil jeder, der es schlicht verwechselt,
ja zugibt, dass er selbst nicht drechselt –

und Obacht, oftmals ziemlich zwackt,
was Drechsler vorher eingepackt.
Das war als Lohn an dieser Stelle
ein Knüppel für den Fall der Fälle,
wie etwa, sollte Diskutieren
am Ende nicht zum Ziele führen.
Damit der Knüppel zu auch pack',
der Spruch war: „Knüppel aus dem Sack!"
Zack, zack! Nun gut, in rechten Händen
kann alles sich zum Rechten wenden,
dagegen würde das den Linken
vermutlich eher mächtig „stinken".
Doch wenden wir sogleich den Blick
zurück und fort von Politik.
Um weiter nun nicht abzuschweifen,
die Handlung wieder aufzugreifen,
die zügig sich zum Abschluss bündelt,
sei nun der Faden aufgespindelt.
Da alle drei nicht aufbegehrten
und Zickleins Herrchen den verkehrten
Vertreibungsakt verziehen hatten,
so strebten sie bei Licht und Schatten
auf langem Wege wieder heim,
verspeisten morgens Haferschleim,
der besser schmeckte als er klingt
und Männern mächtig Muckis bringt –
wie Frauen auch – denn nicht vergessen
sei hier, auch sie sind „Sport-versessen". –
„Sohn eins und zwei" nach Gasthofnacht
war'n beide um den Lohn gebracht,

da ihre Wirte, „diese Lumpen",
nicht etwa leihen oder „pumpen"
das Tischlein wie den Esel wollten,
statt dessen ihnen „Achtung" zollten,
indem sie den gerechten Lohn
vertauschten per Substitution,
so dass – zunächst noch unerkannt –
sich Gleiches, doch nicht Selbes fand.
So kamen alle drei nach Haus.
Der Vater lief sogleich hinaus
und wollt' sie ob der vielen Schmerzen,
die sie erlitten hatten, herzen,
umarmte sie, die Tränen liefen,
bis vor Erschöpfung ein sie schliefen.
Am nächsten Tage nun zum Feste,
da gäb 's, so war 's das Ziel, das Beste,
was Tisch und Speisekammer haben
zum Augen, Gaumen, Leib erlaben.
Da sprach „Sohn eins": „Mein Vater, mein,
am besten lädst Du Gäste ein,
denn was ich habe, ahnst Du nicht,
doch bald erfährst Du 's – ein Gedicht!"
Gesagt, getan, die Gäste kamen,
gar fein gekleidet, grad die Damen.
Man setzte sich, „Sohn eins" stand auf
und sagte flott sein Sprüchlein. Drauf
passierte anfangs angesichts
der vielen Leute lange nichts
und dann im weiteren Verlauf
erst recht nichts mehr. „Sohn eins" gab auf.

„Sohn zwei" sprang ein: „Das hab' ich gleich,
dann mach' ich Euch zum Ausgleich reich!"
Der Esel kam, ein „Bricklebrit!"
Die Leute staunten: Echter „Shit" –
man übersetz' es bitte leise,
mit scharfem „s" – des Esels Exkremente.
Auch dieser Schuss ging rückwärts los,
die Gäste schieden, dachten bloß:
„Wie konnten wir dem Bauern glauben –
da hingen wohl zu hoch die Trauben!"
Der Bauer nahm sich einen Strick,
„Sohn drei", er sah 's im Augenblick,
und sprach, er lass' ihn hin nicht scheiden
und mög' auch „Chic in Strick" nicht leiden.
Und fragte bei den Brüdern nach,
woher wohl kam ihr Ungemach
und was, am Rande bei der Seite,
die Causa war für beider Pleite.
Und bald schon kam der Grund heraus.
Da sprach „Sohn drei": „Ich hau' Euch 'raus!"
Er zog sich an den Reisemantel,
trainierte kurz noch mit der Hantel
und strebte dann nach Abschiedsgruß
in Richtung Wirte. „Pflaumenmus"
blieb übrig von dem „miesen Pack"
nach zweimal „Knüppel aus dem Sack",
wobei „Sohn drei" es sehr behagte,
dass abends er den Wirten sagte,
in seinem Sacke sei ein Wein,
vom Schlosse Rothschilds würd' er sein,

und dass von dem nach hundert Jahren
an Flaschen zwei noch übrig waren,
wovon er eine schon kredenzte,
was nun die Anzahl leicht begrenzte.
Was zweifach vorher funktionierte,
in diesem Fall zu Prügeln führte,
der eine Wirt, „per Esel" reich,
war hinterher wie Windeln weich,
und gab vom vielen „Bricklebrit",
was übrig war, dem Sohn noch mit.
Der And're rückte nach dem Graus
den Tisch mit wundem Hintern 'raus,
wobei er eher lautlos grollte
und viel Respekt dem Nächsten zollte:
„Sohn drei". – Der eilte flugs nach Hause.
Man gab die allergrößte Jause,
es floss der Wein, der Braten dampfte,
derweil die ganze Sippschaft mampfte,
gegessen wurde und getrunken,
bis alle vollends hingesunken,
und dank Erfolgs vom „Bricklebrit"
nahm jeder noch ein Goldstück mit.
Zwar nahte auch ein Räuberpack –
der Knüppel hüpfte aus dem Sack –
und eines wurde allen klar:
In Summe nun war 's wunderbar –
denn Vater, Söhne – reich bemessen
ihr Trunk, sie hatten satt zu essen,
und war ein Handel je vonnöten,
Zechinen hierfür an sich böten.

Und, wie geseh'n, ein Räuberpack
verzog sich flugs und fluchte: „Fuck!"
was jemand, falls es ihn ergötzte,
sich freundlich selber übersetzte –
d'accord? – Das Fazit vom Gedicht?
Das stand schon eben oben – nicht?!
„Da fehlt noch ‚etwas'", schließt man schlau,
„zum Glücklichsein!" – „Nur ‚was' genau?"

„Der Froschkönig"

Es ist ja bei den jungen Kleinen
der Fall durchaus mal, dass sie weinen,
besonders dann, wenn wie gesollt
die Dinge nicht sogleich gewollt,
und folglich statt Erfolges Lust
den Sieg erringt Verlustes Frust.
Und Lust und Frust, sie sind wohl hier
das Thema auch bei Mensch und Tier,
der ersten Liebe gar genau
von einer hübschen, jungen Frau,
die ungern feuchte Frösche küsst,
doch bald nicht mehr zu halten ist,
nachdem den Mann sie angespannt
zuvor noch wünschte an die Wand.
„Moment mal bitt'schön, ganz gemach –
und immer hübsch der Reihe nach:
Zunächst mal braucht man doch die Taten,
die einst geschahen, und die Daten,

damit man erst die Basis klärte,
bevor die Theorie man ‚lehrte'."
Genau! Und faktisch war es so:
Die Königstochter, frei und froh,
sie spielte draußen gern im Park
mit ihrer Kugel, die sie stark
nach oben in die Lüfte schwang,
aus denen die dann nieder sank,
und nie bekam das Kind zu viel
von diesem heit'rem, schönen Spiel,
so dass mitunter stundenlang
sein Lachen durch den Garten klang.
Exakt so war nun ohne Frage
die Lage auch an diesem Tage.
Die Kugel flog nach oben fein,
die golden war, und drauf hinein
nun dieses Mal nicht in die Hand,
die ausgestreckt war, weit gespannt.
Es machte „plumps", es platschte, ein
sie tauchte in den Brunnen. „Nein!"
rief da entsetzt das gute Kind.
Denn wie die Fakten eben sind,
so war der Brunnen mächtig tief,
der längst bereits voll Wasser lief.
Die Kugel war metallen, schwer,
von oben sah man kaum sie mehr.
Das Mädchen weinte: „Nein, oh nein,
oh komm zurück, Du Spielzeug mein!"
Doch tat es das zunächst mal nicht,
sonst wär' 's ein Märchen, das Gedicht',

wobei man dennoch sagen kann,
was wenig später schon begann.
Ein Fröschlein tauchte nämlich auf –
und unter, folgte dem Verlauf,
präziser, dem Hinuntersinken
zum Grunde hin. Es sah was blinken,
dieweil ein feiner Sonnenstrahl
sich glitzernd durch das Dunkel stahl
und längs der Kugel Fläche glitt.
Da sprach der Frosch: „Die nehm' ich mit!"
und hatte längst sie bei der Hand,
derweil das Kind am Brunnenrand
noch stand und weinte. Immer wieder
es rollten schwere Tränen nieder.
Da sprach der Frosch nach Frösche Art
ein wenig glitschig und apart:
„Was krieg' ich denn von Dir, mein Kind,
wenn ich Dein Spielzeug wieder find'?"
Darauf das Mädchen, die Prinzessin –
vom Bundesland her war sie Hessin:
„Ja alles, was Du haben magst,
sofern Du, was es sein soll, sagst!"
wobei das Kind in seiner Not
sich „blanko" dar dem Manne bot –
Verzeihung, Frosch – zu dieser Zeit,
war der ja längst noch nicht befreit,
womit ich beinah schon verriet,
was wenig später doch geschieht.
Das Mädchen fügte an, es hätte
zum Beispiel eine Perlenkette,

und Edelsteine, gar das Kleid
zög' gern es aus, zog 's an doch Neid,
und auch noch gäb' 's – vom Wert nicht ohne –
aus purem Golde, seine Krone.
„Das Kleid, das wäre gar nicht schlecht",
sprach da der Frosch, doch seh' er 's recht,
so würd' er lieber bei ihm sein,
dem Mädchen, äß' vom Tellerlein
und tränk' aus dessen Becherlein
und schlief in seinem Bettchen ein,
und da er müde sei vom Wandern
sei nicht so schlecht er wie die Ander'n –
und was ein Fröschlein sonst noch spricht –
das Mädchen glaubte eh' es nicht
und dacht' bei sich: „Der Wasserplanscher,
der kennt wohl jemand aus ‚la Mancha',
der mühsam mit den Mühlen stritt,
und glaubt jetzt gar, er käme mit.
Doch mangels der Geschwindigkeit
verhindert 's schon der Faktor Zeit –
da bin ich längst in Compostella
und leere dort die Pilgerteller."
So sah es keinerlei Gefahr
und sagte eilig: „Alles klar!"
und meinte dieses nur zum Schein.
Der Frosch jedoch – er fand es fein
und träumte, was wohl noch geschehe
in Zukunft im Vollzug der Ehe
(„Pardon, Verzeihung, tut mir leid –
erneut ein Vorgriff in der Zeit!").

Das Mädchen folgte seinem Sinnen
und eilt' – mit Kugel – flugs von hinnen.
Der Lurch, an Land recht ungelenk,
der rief, dass ihn es mit bedenk',
woran nun aber die Prinzessin
nicht denken wollte, selbst als Hessin. –
Und weiter ging 's: Das Mädchen hetzte
ins Schloss, ins Speisezimmer, setzte
sogleich sich an den großen Tisch,
es gab der besten Sorten Fisch
und Chips und Shrimps und allerlei
Gemüse – und Kartoffelbrei
mit einem delikaten Sößchen,
und außerdem Kartoffelklößchen,
Kroketten wie auch Austern fein –
man will ja kein Banause sein!
Mehr sag' ich nicht, nur wenn Du 's siehst,
das Wasser Dir zusammen fließt
im Mund – doch lassen Gaumenfreuden,
schaut zu man nur, den Menschen leiden.
Drum rasch die Bilder ausgewischt.
Was wurde noch so aufgetischt?
Man sieht es kühl beim nächsten Blick:
manch „lecker" Joghurt-, Sahnestück,
ein Teilchen, mmh, aus Blätterteig,
dem immer wieder zu ich neig' –
und gleichfalls gibt es heißen Tee,
Espresso, Kaffee und Baisers.
Baiser, das heißt ja wörtlich „Kuss",
wobei man das nicht wissen muss,

denn hergestellt aus Eierschnee
und reinem Zucker sind Baisers.
Und lange musst' man auch nicht suchen
nach Streusel- und nach Erdbeerkuchen.
„Sie sind am Kühlschrank grad gewesen?" –
„Des basst scho, wann S' ez't weiderlesen!"
Derweil die Mahlzeit vor sich ging,
es draußen an zu platschen fing,
es schien ein feuchter, flacher Touch,
und klang nach „platsch & platsch & platsch"
und etwas schien herbeigekrochen.
Schon hört man 's an die Türe pochen,
und dann ein krächsend, quakend Schrei'n:
„He, Königstochter, lass' mich 'rein!"
Und klar, es müsst' die jüngste sein,
der Töchter von des Königs drei'n.
Der König sprach: „Wer ist denn da
und macht beim Essen so 'n Trara?"
Nun ja, da kam das Ganze 'raus.
Der König schalt das Kind nicht aus,
doch meinte gleich er, ein Versprechen,
das dürfe man nicht einfach brechen,
und folglich kam der Frosch herein,
nahm Platz und aß vom Tellerlein
der jüngsten Tochter, nippte hier
ein wenig auch am Kinderbier,
und quakte dann: „Ich mach' die Fliege,
dass ich mit Dir im Bettchen liege."
Dort ließ er schließlich sie noch wissen,
sie möcht' ihn, wie vereinbart, küssen

und kosen, gern auch etwas scherzen –
und er möcht' sie am Busen herzen.
Das war dem Mädchen doch zu viel,
da schoss er wirklich übers Ziel,
und ohne lange nachzudenken,
beseelt vom Wunsch, ihn abzulenken,
da griff dem Frosch sie an die Schenkel
und warf im Stil von Laura Henkel
den feuchten Freier mit der Hand,
mit voller Wucht, in Richtung Wand
und rief, er könne mehr noch kriegen –
doch wähnte sie, er bliebe liegen,
und glaubte gar nicht, was sie sah:
Da stand ein Prinz, der Wand noch nah,
so kräftig und zugleich so schön
und mächtig prächtig anzuseh'n.
Hervor an seinem Körper stand
die Nase, edel, elegant,
das Kinn war männlich und apart
in etwa nach Hellenenart.
Doch keine Angst, ein Mann bleibt „cool",
es wäre denn, er wäre an Männern interessiert.
Das war jedoch, wie Mädchen sind,
die reiften, nun das Königskind.
So nahm das Fräulein innig warm
den Prinzen zärtlich in den Arm,
sie küssten sich und sanken nieder
aufs Bett und herzten sich, um wieder
verliebt ins Antlitz sich zu schauen –
sie mochten kaum dem Glücke trauen –

wobei das Paar sich nichts versagte,
bis dass der nächste Morgen tagte.
Und anders als zumeist wohl heut',
da wurde tags darauf gefreit,
sogleich, sofort und unerbittlich,
denn damals war die Zeit noch sittlich,
zumal – inzwischen war auch klar,
was Grund der „Froschverwandlung" war:
Es hatte einst die böse Hex' –
recht dominant in puncto Sex –
den jungen Prinzen angehimmelt,
doch hatte der sie abgewimmelt,
und folglich, wie die Hexen sind,
verhexte sie den Jung' geschwind,
wobei sie beinah ihn verdrosch –
und derart wurde der zum Frosch.
Zum Glück war diese Tyrannei
dank seiner Liebsten nun vorbei.
Er führte sie zu sich ins Reich,
sein Diener Heinrich hatte gleich
die Pferde hurtig angespannt,
man „preschte im Galopp" durchs Land.
Mitunter tat 's von Fall zu Fall
beim Heinrich einen lauten Knall,
wobei, er war sich dess' gewiss,
im Brustbereich ein Riemen riss,
aus hartem Eisen war der gar,
womit sein Herz gemartert war.
Auch diese arge Knallerei
war bald für fürderhin vorbei

und glücklich rauschten sie dahin. –
Und was nun ist des Märchens Sinn?
Für Mädchen gilt wohl: Willst Du Spaß,
so wirf Dich auf den Frosch im Gras.
Und ist 's ein Prinz? Du wirst es wissen,
vermutlich schon beim ersten Küssen.
Und ist er 's nicht, so lass' ihn liegen,
dann darf ihn gern die Nächste kriegen
und suche einfach, süß und bitter,
voll Sehnsucht weiter Deinen Ritter,
der stetig Dich auf Händen trägt
und Dir die Welt zu Füßen legt. –
Für Frösche hier ein Freundschaftsrat:
„Die Mädchen sind so, in der Tat.
Du denkst, Du machst Dir keinen Reim,
sie tun so zickig und geheim,
doch wirklich woll'n sie nur das eine,
den Mann, der sie begehrt als Seine,
und wenn auch heut' nicht immer eben,
so oftmals doch fürs ganze Leben.
Und wenn Du aussiehst wie Brad Pitt,
geht 's leichter – also halt Dich fit!" –
Und Hexen? Gibt es nur im Märchen –
für „sexy hexies" – „Kuschelbärchen".

„Dornröschen"

Dornröschen war ein schönes Kind,
so schön, wie Mädchen eben sind
als Kind, und sind sie erst mal Frauen,
sind nochmals schön sie anzuschauen,
und mancher Mann möcht' dann am Busen
in Unschuld wie ein Baby schmusen –
doch dieses, lenkt der Autor ein,
soll voerst nicht das Thema sein. –
Als einst die Mutter es gebar,
„Dornröschen", fand man 's wunderbar
(auch wenn es da noch nicht so hieß,
was logisch sonst an Grenzen stieß').
Die Mutter fand 's, die Königin,
der König. Folglich sandt' er hin
in viele Lande den Verwandten
als Informanten die Gesandten.
Und viele war'n 's, die ein sie luden.
Am Schlossplatz standen Kirmesbuden,
die Untertanen jubilierten,
derweil die „Edlen" fein flanierten –
doch waren davon just zu sehen
die weisen Frauen nur, die Feen.
Und leider gab es ein Problem:
Es waren dreizehn, angenehm,
war nicht, dass Platz am Tisch nur war
für zwölfe – plus dem Königspaar.
Doch machte das sich nichts daraus
und lud „Apolla dreizehn" aus,

wobei „Apolla", sonnenklar,
der Name aller Feen war,
die einfach durch man nummerierte,
auf dass man recht sie adressierte.
Man aß und trank und im Verlauf
des Mahls die Feen traten auf,
die nach einander gratulierten
und beste Wünsche rezitierten,
denn früher war 's „ein Stück pervers":
Man formulierte die als Vers,
sogar gereimt, im festen Rhythmus,
so dass im Rhythmus Jede(r) mit muss.
Zum Glück macht heut' das kaum noch einer,
falls doch, vielleicht ein Niederrheiner
wie etwa Hanns, der Dieter, Hüsch,
vermutlich kaum der Bäcker Büsch –
und dann auch einer aus Hannover:
Mitunter sitzt er auf dem Sofa
und ist dann bei der Reimerei
beglückt und ganz verzückt dabei.
Nun gut, wer dichtet, sündigt nicht,
und wenn er nur von Märchen spricht,
so dürfte er durch reines Dichten
an Unheil wenig an wohl richten,
sofern er nicht was Schlimmes dichtet
und dadurch wen zugrunde richtet.
Doch nichts sei ferner uns als das. –
Wie ging 's nun weiter? Voller Hass,
da nicht sie eingeladen war,
bot plötzlich „Nummer dreizehn" dar

ein ganz ein häßliches Gedicht:
Sie sprach, das Mädchen sollte schlicht
mit fünfzehn schon nach Jahren allen
ob Spindelstichs zu Boden fallen,
und dieser färb' mit Blut sich rot,
und dann sei ganz das Fräulein tot,
und das – was war die fies, die Frau –
am Jahr'tag der Geburt genau. –
Die Mahlzeit war bereits genossen,
zum Nachtisch gab es Bambussprossen,
gemischt mit Karamel auf Eis –
(„Das schmeckt doch furchtbar!" – „Ja, ich weiß!")
Die Dreizehn sprach so tödlich klar,
da durft' die Zwölf, die dran noch war,
dem leider nicht mehr widersprechen
zum Zweck, des Fluches Kraft zu brechen.
Sie konnte – gleichsam wie auf Bildern
die Falten – jenen nur noch mildern
und wünschte nun dem Kind, dem braven –
es möge, statt zu sterben, schlafen,
und das, es schien ihr wohl das Wahre,
für ganz exakte hundert Jahre.
„Oh je!" – Die Zeit verging im Flug,
das Mädchen wuchs heran, man trug
die Spindeln her vom ganzen Land
und alle wurden ganz verbrannt.
So schien durch diese Brennerei
das Reich des Königs „spindelfrei".
Und schwindelfrei auch war das Kind,
denn wie die jungen Mädchen sind,

so wollt' 's zwar elegant flanieren,
doch gerne auch mal was riskieren
und stieg, genau am Schicksalstag
zum Turm hinauf. Beim Glockenschlag
da stach 's sich an der linken Hand
per Spindel, welche oben stand
im Turm, im allerhöchsten Zimmer –
aus welchem Grund genau auch immer.
Und augenblicklich schlief es ein,
das sollte ja das Schicksal sein,
doch nicht vom Mädchen nur allein,
oh nein, es schliefen alle ein,
und wer es sah, der weiß, geschwind
hielt alles inne. Selbst der Wind,
der hörte einfach auf zu wehen –
und alles And're auch blieb stehen:
die Uhr, der Hund, der Rauch, das Feuer –
zum Glück, sonst würd' das Ganze teuer.
Der Koch, der gleich den Lehrbub quälte,
weil der zu dick Kartoffeln schälte –
die Hand zum Schlag blieb ausgestreckt.
Den Lehrling hat das nicht erschreckt,
denn dieser stand am Herd, dem warmen,
und ruhte längst in Morpheus' Armen.
Der König und die Königin,
die sanken nach der Länge hin,
sehr sanft jedoch, und sehr adrett,
ins frisch gemachte Ehebett.
Doch sollte weiter nichts mehr sein,
denn beide schliefen müde ein,

wobei sie sonst sich gern bewegten
und an zu schönen Dingen regten,
und das nach zwanzig Ehejahren,
die selten je enthaltsam waren.
Es stünde manch Detail bereit,
und sicher, doch, wir hätten Zeit,
zumal ja die Jahrhundertfrist
just eben „am Beginnen" ist.
Nur haben wir noch mehr zu tun,
und deshalb flugs mal weiter nun.
Denn damals, ab dem siebten Tage,
zog erste Kreise schon die Sage,
dass hinter Mauern, hohen Hecken –
sie schienen alles einzudecken,
so dass von außen wunderbar
ein Hügel, grün, nur sichtbar war –
ein schönes Mädchen schlafend weilte,
so dass ein mancher Recke eilte –
des Mädchens Namen keiner kannte,
weshalb man 's nun (!) „Dornröschen" nannte –
zu diesem näher vorzudringen.
Doch das misslang vor allen Dingen,
weil jede Hecke sonderbar
versperrt von spitzen Dornen war,
so dass, wer immer nah ihr ging,
sich augenblicklich drin verfing
und elendig verenden musste,
sofern er keine Lösung wusste.
Und folglich war und „wenig toll"
die Hecke von Skeletten voll.

Gar gräulich wär' 's, wenn 's so noch wäre,
doch heute sind die Hecken leere,
zumal – nach hundert Jahren fand
ein kühner Königssohn ins Land
und wollte hin die Hecke strecken –
nur durfte er zum Glück entdecken,
dass diese wie von Zauberhand
im Augenblick zuvor verschwand,
und prächtig lag es da, das Schloss.
Erwachend regte sich der Tross,
die ersten Fenster schwangen auf,
der Alltag fand zurück zum Lauf,
der König und die Königin
erhoben sich und sanken hin,
weil nun – nach ganzen hundert Jahren –
ganz wild sie auf einander waren,
zumal nach diesem Schönheitsschlaf
der Reiz den früher'n übertraf.
Der Küchenlehrling flugs „kapierte",
dass gleich sein Chef ihm eine „schmierte",
so duckt' – „Wie schnell die Jungs doch sind!" –
er weg sich, wirklich sehr geschwind,
so dass der Koch ins Leere schlug.
Da hatte der dann gleich genug,
zumal er nicht zu sagen wusste,
was ihn vor Jahren so „verdrusste".
So ließ er 's sein, dass nach er lauf',
und setzte Kaffeewasser auf. –
Der Prinz, der an die Chancen dachte,
der naht' Dornröschen. Das erwachte

nach seinem sinnlich heißen Kuss.
Es war erstaunt und sprach: „Ich muss
ein wenig eingeschlafen sein."
Das räumte gern der Jüngling ein
und meinte, dass, wer er es sehe,
man reif sei zum Vollzug der Ehe.
Respekt – mein lieber Scholli, Mann –
der Junge ging ja mächtig ran
und hat, es war wohl ernst gemeint,
mit Röschen sinnlich sich vereint.
Und weil wir nicht vom Filmteam sind,
verlassen wir den Raum geschwind,
und schwenken zu der Frage hin:
„Was ist denn nun des Märchens Sinn?"
Ein Scherz nur, denn der Leserkreis
des Märchens Sinn ja längst schon weiß:
Wenn junge Mädchen sich erschrecken,
da die die Frau in sich entdecken
und hinter Dornen sich verstecken,
dann braucht „ein Jung" sich nicht zu recken.
Er wartet einfach nicht zu knapp
den weiter'n Gang der Dinge ab
und nähert später sich sodann,
zerfiel die Hecke, nun als Mann.
Dann sieht das Fräulein, wenn es geht,
wie gut er ihr als Partner steht,
und wird nach kurzer Zeit genau
mit ihm im Bund beglückt zur Frau.
Und wenn es Jemands Wunsch entspricht,
so gibt 's zur Hochzeit ein Gedicht.

„Käppchen, rot"

„Es war einmal", so heißt 's im Märchen –
und damit nun auch hier – ein „Pärchen":
Das Mädchen war so schön und zart,
der Wolf, voll Gier – sein Konterpart.
Der Wolf, er hielt sich auf im Wald,
das Mädchen traf ihn dort auch bald.
Es lebte selbst bei Muttern brav
mit Kuh und Schwein und Mutterschaf,
woraus auf Anhieb man erkennt,
auf einem Hofe, wie man 's nennt,
dem Bauernhof – und Jahr für Jahr
wie 's früher eben üblich war.
Des Mädchens „liebste Omama",
die wohnt' nun mit nicht ebenda:
Sie hat im tiefen Wald ein Haus
und hält es dort ganz prächtig aus,
weil Tochter ihr und Enkelkind
im Notfall gern behilflich sind.
So ist 's auch just, denn – Gott sei Dank –
ist ganz ein Bisschen nur sie krank,
sie hat, erst kürzlich war 's geschehen,
den Fuß verknackst beim Walking-Gehen
und war im Überfluss von allen
Problemen aus dem Bett gefallen
und hat sich, wie man leicht sich 's denkt,
gefährlich nicht, doch arg verrenkt,
und liegt, der Arzt empfahl es ihr,
zur Vorsicht nun in selbem hier,

auf dass sie rasch sich auskurierte
und neu alsbald umherspazierte.
Die Oma hatte einst dem Mädchen
beim Einkauf fern im feinen Städtchen
auf einer Gratis-Kaffeefahrt
ein Käppchen, rot, gekauft. – Apart
sah dieses ganz bezaubernd aus,
und ging das Mädchen aus dem Haus,
so setzte es das Käppchen auf,
die Leute sahen es zuhauf
und folglich war es gut bekannt
und „Käppchen, rot" sogar genannt.
Der Name war zwar umgekehrt,
doch weil das hier den Rhythmus stört',
so bleibt das „Rot-" vorweg verwehrt
und steht hier „positionsverkehrt" –
im Grunde aber gar symbolisch,
denn bald, der Wolf – wie diabolisch –
wird gleichsam er die Kleider wechseln
und alles raffiniert „versexeln".
Doch davon weiter unten mehr.
Das Mädchen freut sich eben sehr,
dass seine Mutti freundlich frug,
ob etwas es im Körbchen „trug",
zur Omi, voll mit lauter Sachen,
die jungen Omis Freude machen:
Ein frisches Brot, ein Fläschchen Wein,
denn Speis' und Trank, die müssen sein,
die Salbe für die Fußgelenke
wie auch die Schulter. Man bedenke:

Das Sortiment zu jener Zeit,
war damals nicht wie heut' so breit,
und folglich gab 's im Fall des Falles,
nur eine Medizin für alles:
Zumeist kommt 's eh' doch nur drauf an,
das der, der krank ist, glauben kann,
dass seine Paste was bezweckt
und Kraft zum Heilen in ihr steckt,
und deshalb hübsch im Bett verweilt,
bis dass der Leib von selber heilt –
ein Vorteil, wenn man 's recht begreift. –
Doch halt, genug nun abgeschweift,
und flugs zu „Käppchen, rot" zurück.
Es geht grad los, empfindet Glück,
denn Mädchen, Jede(r) wird 's verstehen,
die woll'n auch mal was And'res sehen
als immer nur das Abendrot
im Abendrot beim Abendbrot.
Die Mutter ruft ihm mit Bedacht
noch nach: „Und nimm' Dich gut in Acht,
auf dass der Wolf Dich ab nicht passte
und lüstig Dir ans Leibchen fasste.
Und lass' von niemand an Dich ‚quatschen'
und bloß von keinem Mann ‚betatschen'."
Das Kind verspricht 's, und zieht hinaus
und vorerst sittsam nicht sich aus.
Ein Stück weit ist es schon gegangen
und hat zu singen angefangen,
gar schöner als die Vögelein,
die gern uns mit Gesang erfreu'n,

da tritt aus dunklem Busch hervor
der Wolf. Es klang schon an zuvor,
dass der auf junge Mädchen steht
und ihnen gern ans Leibchen geht,
denn was man hier verraten kann,
der Wolf, symbolisch, ist 's der Mann,
und wer stilistisch aus sich kennt,
der weiß, „Metapher" man es nennt,
und wär' das Mädchen auch ein Tier,
so sprächen wir von „Fabel" hier.
„Doch lassen wir die Theorie,
sonst kommen wir zum Ende nie!" –
Der Wolf, wie Wölfe eben sind,
der spricht nun freundlich an das Kind,
und fragt, wo sei es denn zu Haus,
und, wie man 's eben macht, es aus,
und weiß nach kurzem Plaudern schon,
dass sich der Gang zur Oma lohn'.
Und da er einen Vorsprung wollte,
den Blumen er Beachtung zollte
und meint', die Omi würd' 's begrüßen,
wenn diese in der Vase sprießen,
vom Enkelkindchen frisch gepflückt.
Das Mädchen ist vom Tipp entzückt
und weicht ein Stück vom Pfade ab,
so dass der Wolf, nur eben knapp,
die Oma, die im Bette saß,
noch flugs entkleidet gierig fraß
und dann sich ihre Sachen nahm,
und anzog, bis das Mädchen kam.

Da ist es schon und tritt herein,
der Wolf beginnt sich schon zu freu'n
und sagt: „Mein Kind, da bist Du ja –
ach komm' zur Omi her, ganz nah,
ich lad' Dich in mein Bettchen ein,
Du darfst auch ganz entkleidet sein."
Das Mädchen denkt sich nichts dabei
und macht sich rasch und willig frei
und eh es eben sich versieht,
ein eigen Ding sogleich geschieht.
Es weiten sich ein Stück die Poren
und riesig wirken „Omas" Ohren –
ob so sie besser hören kann?
„Wie süß, die Kleine!" denkt der Mann.
„So scharf die Zähne, fest und weiß!
Warum?" – „Damit ich heiß Dich beiß'!"
So sprach der „Wolf", dem Fräulein nah,
das furchtsam denkt: „Was macht der da?"
Nun ja! Sie rauften stundenlang,
bis dass der Wolf das „Girl" verschlang.
„Oha, wer hätte das gedacht,
dass der nun wirklich sowas macht."
Und dann, wie kann das möglich sein,
da schläft der Kerl doch einfach ein
und schnarcht so wie ein Eber laut,
derweil sein Bauch den Akt verdaut,
auch den mit Omi, die zuvor
er auch ja sich zum Schmaus erkor.
Man kriegt hier beinah fast zuviel.
Zum Glück kommt nun ein Mann ins Spiel,

ein zweiter, braver sozusagen.
„Was soll nun der?" so mag man fragen.
Nun ja, er ist ein smarter Jäger
und mehr der Typus „edler Heger",
der nahm ein Beil – „Tu 's nicht!" – ein Messer –
denn dieses scheint zum Zweck uns besser –
und schnitt, derweil der Wolf noch schlief,
den Bauch ihm auf, nur wenig tief,
bis dass so groß die Öffnung klaffte,
das „Käppchen, rot" heraus es schaffte,
und auch die Oma – trotz der Not –
war die wie jenes auch nicht tot.
Im Bauch des Wolfes nun die Lücke,
die füllte man in einem Stücke
mit Steinen – vielen – groß und schwer.
„Der Wolf, der merkt wohl gar nichts mehr?"
Der schläft und wacht, na sowas auch
ganz langsam auf erst, spürt im Bauch
ein seltsam hartes Blähgefühl
und denkt, dass er sich ab mal kühl'
und schwankt mit seltsam schwerem Gang
zur Tür hinaus, den Weg entlang
zum Brunnen, der voll Wasser war
und denkt noch: „Herrlich, wunderbar!
Es muss nicht gleich der Liter sein,
ich schenk' mir eh' ein Bier noch ein,
doch trink' ich hier mal kurz 'nen Schluck,
bevor ich nach den Mädels guck'."
Und wünscht sich, dass er eins noch hätte –
zur Stärkung – eine Zigarette.

Doch die bekommt er heute nicht,
weil 's nicht dem Mainstream mehr entspricht.
So beugt er sich nach vorn und nippt
am Wasser, bis hinein er kippt,
weil just die Steine, wie sie wollten,
durch Schwerkraft angezogen, rollten
vom Bauche abwärts Richtung Kopf.
Der Wolf nun, dieser arme Tropf,
der fängt noch eben an zu schrei'n
und taucht dann in den Brunnen ein,
erst langsam, dann jedoch „ruck-zuck" –
man hört nur noch ein „Gluck!" und „Gluck!" –
„Gluck, gluck!" und drauf ist frank und frei
die Gluckserei „final" vorbei. –
Die Oma lädt den Jäger ein,
zu Speis' und Trank ihr Gast zu sein,
und sagt, sie fände ihn sehr nett.
Drauf der: Sofern Sie 's gerne hätt',
und wenn 's ihr wirklich aus nichts machte,
dann käm' er oft. Die Oma lachte
und meint' mit weiblich weichem Schwung,
sie seien Beide ja noch jung
und dass, sofern er kommen wolle,
sie gerne ihm Gesellschaft zolle.
Das „Käppchen, rot" geht lieber heim,
es machte längst sich seinen Reim,
zumal es durch den Wolf ja wusst',
das Thema hier heißt: „Fleischeslust!"
Na schön, dann ist das endlich raus –
und nun – bei „aus" – das Märchen aus.

„Das tapfere Schneiderlein"

Zum Abschluss steigen wir noch ein
ins Themenfeld vom Schneiderlein,
der Tapferkeit, der Ziffer „Sieben" –
und was ansonst' im Text geschrieben
noch steht – und was das Marketing,
gekonntes, gar zustande bring'.
Zunächst jedoch und ganz gemach,
vollzieh'n wir erst den Ablauf nach –
und drum zunächst zum „Schneiderlein":
Das Suffix legt es nahe, klein
war dieses wohl vom Wuchs und schmächtig
und kaum der schweren Arbeit mächtig,
dieweil doch der, der kräftig schafft,
vor allem eines brauchte: Kraft –
und darin muss ein Schneiderlein
nun eben nicht „der Größte" sein.
Die Nadel, die es hurtig schwingt,
die muss, damit hindurch sie dringt
durch Kleiderstoffe, spitz und fein
nur sein, dann sticht sie leicht hinein
und durch mit wenig Kraft, und Jeder
und jede Frau schafft 's gar beim Leder.
So saß der Schneider auf der Stelle,
dem Schneidertisch, mit Maß und Elle,
mit Schere, Nadel, Zwirn als Faden,
sowie – zum Schutz vor Schmerz und Schaden
von Vorteil, praktisch, leicht und gut
als Fingerschutz – mit Fingerhut.

Da hörte er, es war halb neun
am Morgen, eine Landfrau schrei'n,
von unten auf der Straße: „Mus!"
verkaufte die. Mit schwerem Fuß
stieg hoch sie bis zum vierten Stock,
zum Schneiderlein. Und dann der Schock,
als dieses, anders als sie dachte
und eingangs es sie glauben machte,
jedoch voll Huld – mit Keuchen kam
sie oben an – ein Quäntchen nahm,
vom Muse, was es, als sie wich,
vernehmlich schimpfend – „dünnstens" strich –
der Schneider litt soeben Not –
auf eine harte Scheibe Brot.
Jedoch den Wunsch, sofort zu essen,
verkniff er sich, denn jüngst gemessen
am Wams des Kunden ward das Maß
exakt bereits. Dass er 's vergaß
und dann die Jacke schräg und schief
sich zeigt' – der Kunde „Amok lief" –
das war die Furcht, die ihn bedrängte,
so dass er jener Vorrang schenkte.
Und folglich fanden Stubenfliegen
an seinem Brot zunächst Vergnügen
und schlugen voll sich ihren Bauch,
den kleinen, mochten sie doch auch
das Mus, denn auch für sie ein Muss,
dem gern sie frönen, ist Genuss.
Das sah im Nu das Schneiderlein.
„Was fällt Euch", rief erzürnt es, „ein,

Ihr kleinen Diebe, mir zu schaden,
beschafft Euch selber Marmeladen!"
und trieb mit einem schweren Leinen
die Fliegen fort nur, sollt man meinen.
Doch nein, sogleich ward offenbar:
Getötet war die ganze Schar
der kleinen Geister, wie beschrieben,
mit Beinen sechs – mal Faktor sieben.
Mit einem Schlag, auf einen Streich,
gar sieben Fliegen? „Nein!" – Sogleich
war nötig, dass der Schneider eilte
und mit es „Stadt und Erdkreis" teilte.
So nähte er mit feinen Stichen
die Anzahl derer, die verblichen
just war'n – ob seines Schlages Kraft –
auf seinen Gürtel. Wer da „gafft'"
und staunte, sah, es stand geschrieben:
„Auf einen Streich" – plus Ziffer: „Sieben".
Man denkt vielleicht: „Mein lieber Mann,
das Männchen gibt ja mächtig an."
Das stimmt! Zu Recht nur wirft man ein:
„Was blieb' ihm denn, dem Schneiderlein.
Es nutzte praktisch eben nur
die Gaben, welche die Natur
ihm schenkte, und das war genau
nun nicht die Kraft, doch war es schlau
und merkte just, es war sein Ding
ein Stück weit auch das Marketing."
Bevor die Stube es verließ,
den Camembert – er roch schon mies –

es rasch in seine Tasche tat,
und schließlich hatt' es noch parat
den Spatzen, den, am Straßenrand
im Strauch verfangen, es entband
und in die and're Tasche steckte,
so dass man jenen nicht entdeckte.
So lief es längs des Weges hin,
die frohe Botschaft stets im Sinn,
und herrlich reizten ungeheuer
es nun die größten Abenteuer,
und da es viel an „Mumm" besaß,
so gab es gleichsam mächtig „Gas",
wodurch es sich im Nachbarland
auf hohem Berg im Nu befand.
Dort sah es einen Riesen sitzen
und diesen in der Sonne schwitzen,
der arg verächtlich an es blickte,
dieweil es „recht im Takt nicht tickte".
Am Gürtel stach ja, wie zuvor
geschildert, dieser Spruch hervor,
und solch ein schwächlich Männlein klein,
das sollte dessen mächtig sein?
„Den stell' ich gleich mal auf die Probe",
so dachte jener, nahm zwei grobe,
besonders große, harte Steine
und diese in die Hand – die eine –
und presste, bis das Wasser floss,
das jeder Stein noch in sich schloss,
und sprach gelangweilt sehr gemach:
„Na Kleiner, mach' das Du mal nach!"

Das Schneiderlein, mit kühner List,
es sprach: „Wenn das schon alles ist"
und griff in seinen Wams hinein,
„dann dürfte das ein Leichtes sein!"
Es nahm den Käse, den es drückte,
und in der Tat, der Trick, er glückte,
und aus der Hand, da quoll hervor
die Flüssigkeit. Der tumbe Tor,
der just erwähnte große Riese,
der merkte nicht den Trick. Das Fiese
war nur entsetzlich der Gestank,
er hing am Berghang stundenlang.
Der Riese, der erkältet war,
nahm diesen nur zum Glück nicht wahr,
und dachte doch: „Na gut, nicht schlecht!"
doch glaubte trotzdem er 's nicht recht
und nahm sich einen neuen Stein
in seine linke Hand hinein
und warf ihn in den Himmel hoch,
so dass er bis zum Orbit flog.
Man sah den Stein als Stern schon klein,
da tauchte dieser wieder ein,
exakt im Winkel – anders wäre
ein Höllenschlund die Atmosphäre.
Doch nein, der Stein, er hatte Glück
und kam zur Erde heil zurück.
„Das könnt' Apollo dreizehn sein!"
fiel eben noch dem Schneider ein,
bereit sogleich zum nächsten Trick:
„Dein Stein, er kam ja doch zurück

von seinem Flug nach kurzer Zeit.
Doch Obacht, pass' mal auf gescheit,
weil das, was hier und jetzt geschieht,
ein Klotz wie Du nur selten sieht.
Mein Stein, und ohne jeden Trick,
der kommt nach Abflug nie zurück!"
Der „O-Ton" war 's – vom Schneiderlein.
Es fasst zur andern Tasche 'rein
und nimmt das Vöglein. Dieses froh
nun frei zu sein, da fliegt 's nur so
und fliegt und fliegt und bleibt nicht stehen
und ward von nun an nicht gesehen.
Der Riese staunte. „Klasse, Mann –
na schön, dann pack' mal kurz mit an
und trage mir den schweren Baum
ein Stück des Wegs." – „Das schafft er kaum!"
so denkt er, und: „Den kleinen Fratz,
den pack' ich schon beim Schlabberlatz."
Derweil der Schneider klüger war,
war ihm, dem Riesen, ganz nicht klar,
dass er am schweren Ende stand.
Er nahm es kurzerhand zur Hand.
Das Schneiderlein dagegen klug
am andern End' die Zweige trug,
und weil der Riese eh' nichts „blickte",
es noch eins ihm zugleich „verprickte",
indem es sich in Baumes Krone
zur Ruh' begab, als ob 's da wohne.
Ein Riese hat zwar Riesenkraft,
doch schließlich war auch der geschafft

und rief: „Ich lass' den Baum jetzt fallen!"
und ließ ihn auf die Erde knallen.
Das Schneiderlein, mit Mühe knapp,
sprang eben noch vom Aste ab,
doch höhnt' es gleich: „Du starker Mann,
mit sowas gibst Du auch noch an!
Das Bisschen nur, und jetzt schon Pause –
da kommst Du heut' ja nie nach Hause!"
Der Riese, der sich stärken musste
und, dass dann Kirschen gut tun, wusste,
der bog den Baum sich kurzerhand,
die Krone, dorthin, wo er stand
und sprach zum Schneider: „Halt mal fest!",
wobei er selbst sie fahren lässt,
wodurch der Schneider flugs spazierte
im Bogen durch die Luft. Er zierte
sich dennoch ob des Ausflugs nicht.
Der Riese sprach: „Du kleiner Wicht,
Du kannst wohl nicht mit Deinen Armen
das Bäumchen halten, wie?" – „Erbarmen!"
mit Nachsicht sprach das Schneiderlein,
„hab' ich mit Geistern, welche klein.
Denn was mir eben, Gott sei Dank,
zum allerersten Mal gelang:
Ich habe den Rekord gebrochen,
nach dem ich strebte schon seit Wochen.
Ich sprang so kräftig in die Höhe,
dass ich nun „topp" bei „Guiness" stehe.
Das mach', mein Lieber, Du mal nach!"
Der Tor versucht 's. Ergebnis? – Schmach!

„Na schön, das war dann wohl kein Hit,
na gut, dann komm' mit mir mal mit."
So sprach 's, verstummte dann der Riese,
und folgte damit der Devise:
„Der Gegner – ist er nicht zu schlagen
im Streit – so muss man den vertagen!"
So ging es hin zum Riesenhaus –
da kannte sich der Riese aus.
Es schmerzte heftig noch die Schmach,
und immer wieder dacht' er nach:
„Wie werd' ich diesen Gernegroß
sofort sowie für immer los?"
Und kam darauf, wenn dieser schlief,
zu später Nacht, ganz wehrlos, tief,
dass selbst er mit der Eisenstange
auf dessen Bett schlug, fest und lange. –
Doch fühlte sich das Schneiderlein
für 's Riesenbett ein Stück zu klein,
so dass es sich zur Ruhe legte,
im Eckchen, wo sich nichts bewegte.
Der Riese nun, in seinem Wahn,
der folgte wirklich seinem Plan
und dachte, alles sei „im Lot"
und „Freundchen Siebentöter" tot –
das Schneiderlein – doch weit gefehlt,
wir ahnen 's schon – war 's höchst beseelt,
und als die Riesen früh es sah'n,
da wähnten sie Gespenster nah'n,
und haben kopflos in der Flucht
das Heil vor deren Fluch gesucht.

„Moment, da stimmte etwas schlicht
soeben mit der Endung nicht:
‚gesucht' ist lang, und ‚Flucht' klingt kurz." –
Das stimmt, doch schuld war da der Sturz
des einen Riesen: Dieser knallte
zu Boden derart, dass es hallte
und er vor Schmerzen furchtbar fluchte
und nicht mehr nach dem Reimwort suchte,
wie sonst – und braucht 's auch manchmal Zeit –
und deshalb: „Leider, tut mir leid!"
Doch sollt' die Heilung rasch gelingen,
so könnt' das Reimwort bei er bringen
und dieses, ging' es, nach noch tragen,
ins Buch, als Nachtrag sozusagen. –
Der Schneiderlein jedoch lief weiter,
es sang ein lustig Lied gar heiter,
denn glücklich in den jüngsten Tagen
sich alles hatte zugetragen.
So kam es bald im fremden Land
zu Königs Hof, in dem man 's fand,
da 's eben eingeschlafen war.
Die Botschaft prangte kühn und klar
noch immer auf dem Gürtel sein.
Da fiel des Herrschers Leuten ein,
wie gut man einen solchen Mann
im Fall des Kriegs gebrauchen kann.
Der König stellte gern ihn ein,
jedoch, das fanden die nicht fein,
die längst schon dienten als Soldaten.
Sie fühlten sich ein Stück verraten

und hatten Angst, er könnte siegen
im Fall, sie sollten sich bekriegen,
intern, bei einer Keilerei.
Wer diesen Falls der Sieger sei,
das stand ja laut der Botschaft fest,
und ihnen selber gäb' 's den Rest –
und folglich wär'n sie gern ihn los.
Der König sprach: „Was mach' ich bloß?"
Da fiel ihm flugs die Lösung ein:
„Es soll nicht Euer Schaden sein!",
so meinte er vergnügt sodann,
und: „Bringt ihn mir mal her, den Mann!"
und bot, es schien ihm nicht zu viel
verlangt, vertraglich ihm den Deal:
Sofern zwei Riesen er besiegte,
die niemand sonst zu fassen kriegte
und die seit Jahren schon das Land,
erschreckten: Raub und Mord und Brand –
das waren ihre Arbeitsmittel –
und rechtlich gab es keinen Titel,
der gleichsam wie ein Unterpfand
das üble Treiben unterband –
so würd' er für den Rest vom Leben
sein Töchterlein zur Frau ihm geben.
Von Luft und Liebe nicht allein
ja lebt der Mensch, so sollte sein
ein Teil auch sein vom Königreich.
Das Schneiderlein schlug ein sogleich
und machte – nun, man ahnt 's wohl – wieder
mit Cleverness die Riesen nieder,

indem 's sie aufeinander jagte,
was ihm beim Zuschau'n sehr behagte,
da diese wild sich bald betrugen
und aufeinander ein nur schlugen.
Am Ende waren beide tot.
Der Schneider nahm nun, ob der Not,
dass er sich dar als Retter bot,
ein Schwert, stach zu und reichlich rot
vom Blut der Boden ein sich färbte. –
Damit nicht Kind und Reich er erbte,
der König fordert' 's raffiniert,
sei noch ein Auftrag ausgeführt:
Ein Einhorn richte dann und wann
im Land den größten Schaden an.
Das fing' er „bitt'schön" auch noch ein,
das sollt' dann aber alles sein.
Gesagt, getan, das Tier spazierte
im Wald, was zum Ergebnis führte,
dass, eben war es wutentbrannt
aufs Schneiderlein noch losgerannt,
mit seinem Horn im Baum es steckte
und dort vermutlich wohl verreckte,
sofern es nicht sich selbst befreite –
doch fehlten da die Kräfte heute.
Der Schneider hieb es ab per Beil,
ein Seil, die Landfrau hielt es feil,
das nahm er, kaufte sonst nicht mehr,
obgleich sein Bauch schon gänzlich leer
und er schon halb verhungert war.
„Ich mache erst den Auftrag ‚klar',

dem König flugs das Tier zu zeigen!" –
Doch zeigte dieser sich als eigen
und meinte: „Eine Sache noch,
dann gilt der Deal." – „Ja, wirklich?" – „Doch!"
Der Schneider ließ sich drauf noch ein.
Die „Sache" war ein wildes Schwein,
das ihn erkennend auf sich machte,
dass rasch es ihn zur Strecke brachte.
Der Schneider nun – an Ort und Stelle –
befand sich die Gebetskapelle,
wie eine es in Kevelaer
schon lang dank Hendrik Busmann war.
In jene hüpft' er rasch hinein,
es saust' ihm nach sogleich das Schwein,
jedoch verweilte er nicht lang,
indem er sich nach draußen schwang
durchs Fenster, lief ums Haus herum
und schloss, das Schwein, es schaute dumm,
mit einem „Rumms" die Türe zu
und sprach zum Tier: „Was sagste nu?"
wobei, lateinisch, fiel ihm ein –
heißt „porcus" allgemein das Schwein –
dass dieses ja in keinem Land
Latein noch Sprachen sonst verstand. –
Dem König war nun endlich klar,
dass nichts mehr wohl zu machen war,
und folglich kam 's zum Hochzeitsfest
und kommt 's zu dieses Märchens Rest.
Des Königs Tochter, Schneiders Frau,
die hörte eines Nachts genau,

dass er, ihr Mann, an einer Stelle
des Traumes sprach von Wams und Elle,
und siedend heiß ihr plötzlich klar
es wurde, wer ihr Mann da war.
Sie lief zum König, der da meinte,
er helfe gern, zumal sie weinte,
und gleich schon gab es einen Klick,
und wieder fand er einen Trick
und schickte hin zum Schloss den Tross,
zu Tochters, da er just beschloss,
der Jüngsten Gatten einzufangen.
Der sollte, gut verschnürt, gelangen
ins ferne Land auf kleinem Schiff –
und liefe dieses auf ein Riff,
so sollte dieses, träf' es ein,
die Sorge nicht des Königs sein.
„Echt fies geplant!" Doch schlimme Taten,
die werden, hat man Glück, verraten:
Das tat nun hier der Waffenknecht
des Königs. Ziemlich fand er schlecht
die Absicht seines Chef-Monarchen,
verriet 's dem Schneider, der mit Schnarchen
beim Tross des Nachts den Eindruck weckte,
dass diesen er noch nicht entdeckte,
dieweil – schon längst war jenem klar,
was vor der Tür im Busche war. –
So sprach er laut: „Kann 's möglich sein,
ich brachte um der Riesen zwei'n,
fing ein ein Einhorn und ein Schwein
und sollte nun verängstigt sein,

weil vor der Tür die Häscher warten.
‚Auf geht 's! Die Harten in den Garten!' –
jedoch, so sag' ich 's frank und frei,
ist keiner bei dem Trupp dabei."
Das stimmte wohl. Die Knechte flieh'n –
„ik heb zij nooit meer gezien." –
Erst später, als man Knochen fand
in Holland „aan het Noordzeestrand",
ward klar, es waren jene Knappen –
sonst würd' man noch im Dunkeln tappen.
Was half dem König? Wild zu schrei'n?
Das konnte nicht erfolgreich sein!
Das Schneiderlein, es war genau
für ihn und Viele noch zu schlau,
es wusste, heute kommt 's drauf an,
dass gut man sich verkaufen kann,
und dass, mal schwarz, mal weiß, mal grau
die Welt nun ist, so sei genau
man klug, weil nicht ein „Riese" dann
und keiner sonst uns schaden kann,
zumindest „dummdreist" nicht und leicht.
Und außerdem wird viel erreicht,
sofern man tut, was gern man mag!
Die Sonne bringt es an den Tag,
weil dann alsbald im Fall des Falles
passiert, wovon man träumte: „Alles!"
sofern es einem selber gut –
wie ebenso auch Andern – tut,
wobei man bitte mit bedenke,
dass stets genug man Zeit sich schenke –

nur selten hat das Leben Eile,
es braucht mitunter eine Weile,
man bleibt am besten „locker" dran,
und hält auch inne dann und wann –
und eines Tags wird plötzlich klar,
was „Sinn bislang des Ganzen war". –
Und was nun war des Buches Sinn?
„Am Anfang" stand 's „im Ansatz drin":
Es sollte Spaß und Freude bringen,
die Stimmung sollte „lustig" schwingen,
es sollte viel Vergnügen machen,
wer lachen wollte, sollte lachen –
und immer auf die eig'ne Weise,
der eine laut, die andre leise –
und sich am Spiel der Worte freuen
und möglichst keins davon bereuen,
weil alle „auf dem Teppich bleiben". –
„Traf 's zu? Man mög' dem Autor schreiben!"*
Und ganz in diesem Sinn am Schluss
(wer möchte) – einen „Musenkuss!"

* atelier@apropos-poesie.de

✶✶✶✶✶